Bibliografische Information der Deutschen Nationalbibliothek:

Die Deutsche Bibliothek verzeichnet diese Publikation in der Deutschen National-
bibliografie; detaillierte bibliografische Daten sind im Internet über http://dnb.d-
nb.de/ abrufbar.

Impressum:

Copyright © 2009 GRIN Verlag, Open Publishing GmbH
Druck und Bindung: Books on Demand GmbH, Norderstedt Germany
ISBN: 9783640776689

Dieses Buch bei GRIN:

http://www.grin.com/de/e-book/124929/wechseln-eines-tuergriffes-am-tischmodell-
unterweisung-kraftfahrzeugmechatroniker-in

Christian Streicher

Wechseln eines Türgriffes am Tischmodell (Unterweisung Kraftfahrzeugmechatroniker/-in)

GRIN Verlag

Konzept zur Lehrunterweisung

Teil IV der Meisterprüfung

Christian Streicher

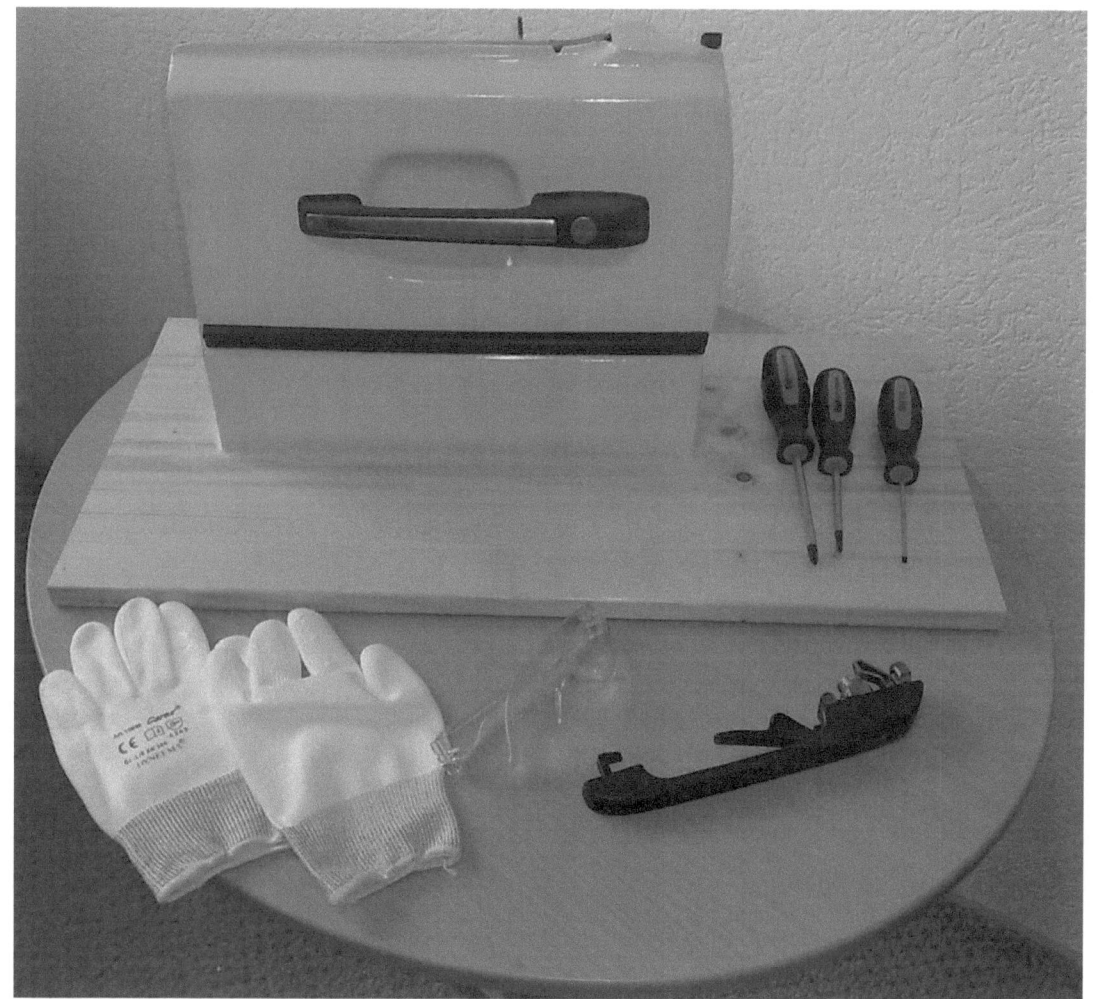

Thema der Unterweisung:

Wechseln eines Türgriffes am Tischmodell

Inhaltsverzeichnis

1. Allgemeine Angaben

Name des Prüfungsteilnehmers: Christian Streicher

Ausbildungsberuf: Kraftfahrzeugmechatroniker/in

Thema der Unterweisung: Wechseln eines Türgriffes am Tischmodell

Dauer der Unterweisung: ca.15 Minuten

Lernort: Unterweisungsraum

Ausbildungsmittel:
- Türausschnitt am Tischmodell
- Werkzeug
- Putzlappen und Reinigungsmittel
- Austauschtürgriff
- Persönliche Schutzbekleidung

Methode: 4-Stufen-Methode

1. Allgemeine Angaben

2. Vorinformationen

Ein Teil des Ausbildungsberufes Kraftfahrzeugmechatroniker/in ist das Montieren, Demontieren und Instandsetzen von Bauteilen, Baugruppen und Systemen.

Das Wechseln eines Türgriffes dieser Bauart ist eine Arbeit, die dem Lehrling das nötige Verständnis geben und selbständig zum Denken anregen soll.
Es ist eine einfache Arbeit, bei der der Auszubildende motiviert wird, da er schon nach wenigen Handgriffen ein sichtbares Ergebnis erkennt und sich so bei ihm ein Erfolgserlebnis einstellt. Das dient unter anderem zur Stärkung des Selbstvertrauens des Auszubildenden.

Bei falscher Montage des Türgriffes kann das schwerwiegende Folgen haben.
Ein Nicht-Funktionieren des Türgriffes ist ein erheblicher Sicherheitsaspekt in Notfällen , z.B. bei einem Unfall. Ein Scheitern beim Öffnen der Tür im Notfall von außen, birgt Gefahren für Personen, die sich im Schadensfall im Fahrzeug befinden.

Bei diesen Arbeiten müssen Arbeitshandschuhe getragen werden.

Ein defekter Türgriff kann zu einem negativen Ergebnis bei der nächsten HU (Hauptuntersuchung /TÜV) führen.
Der Austausch des Türgriffes wäre laut StVO die Folge.

3. Adressatenanalyse

Der Auszubildende Janek Leesch ist 18 Jahre alt und besitzt die mittlere Schulreife.
Er spielt in seiner Freizeit Fußball und ist ein begeisterter Stockcarfahrer.
Janek ist sehr kontaktfreudig, aufgeschlossen, ein kreativer junger Mann, der seine
Fähigkeiten und sein Wissen stetig ausbaut. Durch seine große Begeisterung für sein
Hobby verfügt Janek über großes technisches Verständnis und handwerkliches
Geschick.
Janek ist seit ca. einem Jahr im Betrieb und hat bereits einige Unterweisungen
mitgemacht, daher kennt er die geltenden Unfallverhütungsvorschriften.

Der Auszubildende soll laut Ausbildungsrahmenplan Bauteile, Baugruppen und
Systeme fügen, insbesondere Schraubverbindungen unter Beachtung von Teilen und
des Drehmomentes herstellen.
(§4 Abs.2 Nr. 12d)

4. Lernziele

4.1 Leitziel

Das Leitziel besteht darin, den Auszubildenden zum selbständigen Denken, Planen, Handeln und Kontrollieren anzuregen.

4.2 Richtlernziel

Das Richtlernziel ist dem Ausbildungsrahmenplan zu entnehmen.
§4 Abs. 2 Nr. 12 - Montieren, Demontieren und Instandsetzen von Kraftfahrzeugen, deren Systemen, Baugruppen und Bauteilen.

4.3 Groblernziel

§ 4 Abs. 2 Nr. 12 d - Bauteile, Baugruppen und Systeme fügen, insbesondere Schraubverbindungen unter Beachtung der Teilefolge und des Drehmomentes herstellen.

4.4 Feinlernziel

Der Auszubildende soll in der Unterweisung lernen, an einem umgebauten Tischmodell einer Fahrertür von einem VW Golf 1 Bj. 1983, einen Türgriff zu wechseln, ihn erklären zu können und später selbstständig und fachgerecht durchzuführen.
Die Arbeitssicherheit und die Unfallverhütungsvorschriften sind einzuhalten.

4.5 Operationales Feinlernziel

Das operationale Feinlernziel ist erreicht wenn der Auszubildende, nach entsprechender Übung, selbstständig an einem Kundenfahrzeug einen Türgriffwechsel, unter Berücksichtigung der Unfallverhütungsvorschriften, fachgerecht und fehlerfrei durchführen kann.

4.6 Affektive Ziele

Der Auszubildende soll die Arbeitshinweise und Vorschriften beim Türgriffwechsel verinnerlichen, um Fehler oder Beschädigungen zu vermeiden
Ein Fehler beim Einbau kann zur Folge haben, dass die Funktion stark eingeschränkt ist bzw. ganz ausfällt.
Das Ziel ist erreicht, wenn er die entsprechenden Unfallverhütungsvorschriften anwenden und einhalten kann und erklären kann, wie man den Türgriffwechsel eigenständig durchführt.

4.7 Kognitive Ziele

Der Auszubildende sollte den Aufbau und die Funktion eines Türgriffes kennen, sowie den Arbeitsablauf zum Wechseln eines Türgriffes verstanden haben und erklären können.

4.8 Psychomotorische Ziele

Der Auszubildende muss anhand seiner Kenntnisse später selbstständig und sicher einen defekten Türgriff erkennen und auswechseln können.
Die Arbeitsschritte und den Umgang mit den Werkzeugen und Materialien sollte er beherrschen.

5. Unterweisungsmethode unter Berücksichtigung der Ausbildungssituation

Die Unterweisung wird nach der 4-Stufen-Methode durchgeführt.

Diese Methode beinhaltet:

1. Stufe: Vorbereitung und Einstiegsphase
2. Stufe: Vormachen und Erklären durch den Ausbilder
3. Stufe: Nachmachen und Erklären durch den Auszubildenden
4. Stufe: Übung und Festigung

6. Ablauf der Lehrunterweisung

1. Stufe - Vorbereitung und Einstiegsphase

Eine Unterweisung plant man am Besten an einem Vormittag nach der Frühstückspause, da der Auszubildende dann voraussichtlich am aufnahmefähigsten ist.

Ich begrüße den Auszubildenden und führe mit ihm ein kurzes Einführungsgespräch durch, um eventuelle Fragen zu beantworten und bestehende Unsicherheiten zu beseitigen.

Danach stelle ich dem Auszubildenden das Thema der Unterweisung vor und erfrage seine Vorkenntnisse zu diesem Thema.

Der Auszubildende erfährt von mir das angestrebte Feinlernziel.

Ich überprüfe die Arbeitskleidung des Auszubildenden und bespreche mit ihm die arbeitsschutzrechtlichen Grundlagen.

2. Stufe - Vormachen und Erklären durch den Ausbilder

In dieser Stufe werde ich als Ausbilder aktiv.

Ich zeige und erkläre dem Auszubildenden anhand der folgenden Schritte das Wechseln eines Türgriffes.

Der Auszubildende sollte mir dabei zusehen und wenn nötig Fragen stellen.

	WAS ?	WIE ?	WARUM ?
1	Erste Schraube vom Türgriff freilegen.	Zierblende vom Türgriff mit einem Schraubendreher vorsichtig abhebeln, dabei vom Türschloss aus beginnen. 	Um ein Lösen der Schraube zu ermöglichen.
2	Zweite Schraube vom Türgriff freilegen.	Türgummidichtung vorsichtig im Schlossbereich entfernen. 	Um ein Lösen der Schraube zu ermöglichen.

3	Befestigungs-schrauben vom Türgriff rausschrauben.	Mit einem geeigneten Kreuzschraubendreher die Kreuzschrauben am Türgriff heraus-schrauben.  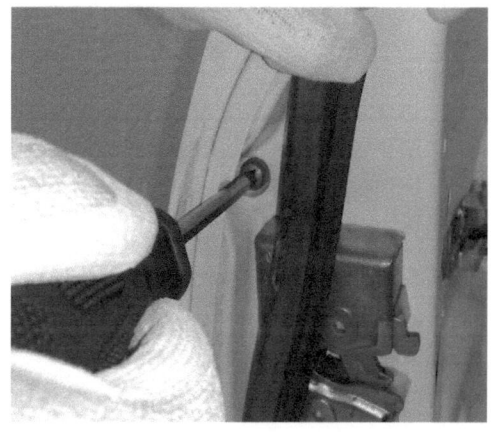	Die Befestigungs-schraube muss zum Demontieren des Türgriffes heraus-geschraubt sein.
4	Türgriff entfernen.	Den Türgriff vom Schloss wegschieben und beim Entnehmen leicht nach unten drehen. 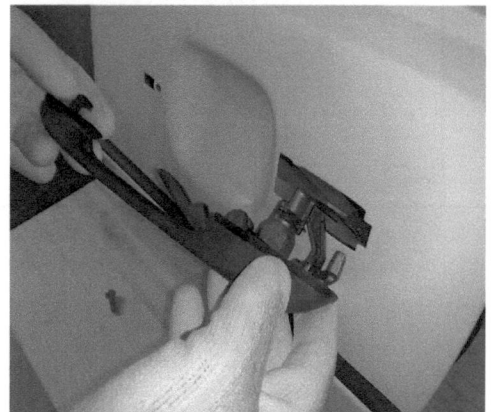	Um den Türgriff zu entfernen und damit der Exenter auf der Rückseite des Schließzylinders keine Lackschäden an der Tür verursacht.

5	Vergleichen der Alt- und Neu-Teile.		Um die Passgenauigkeit zu überprüfen.
6	Vorm Einbau des Türgriffes ist darauf zu achten, dass die Anlageflächen der Dichtfläche gereinigt sind.	Mit geeigneten Lappen und Reinigungsmittel die Anlageflächen reinigen. 	Um eine ordentliche Abdichtung zu gewährleisten.

7	Dichtgummis montieren.		Um eine ordentliche Abdichtung zu gewährleisten.
8	Türgriff einbauen und verschrauben.	Mit einem geeigneten Kreuzschlitzschraubendreher die beiden Kreuzschlitzschrauben festdrehen, dabei mit der Schraube auf der Seite des Türschlosses beginnen. 	Ordentlicher Sitz des Türgriffes.

9	Zierblende und Türgummi montieren.	Beginnend am schmalen Ende des Türgriffes, danach die Türgummidichtung wieder befestigen.	Damit die Nase von der Zierblende ordentlich einrastet, um eine korrekte Abdichtung zu gewährleisten.
10	Überprüfung des Türgriffes auf Funktion.	Türschloss verriegeln mit einem kleinem Schraubendreher.	Um die korrekte Funktion des Türgriffes zu überprüfen und gewährleisten.

3. Stufe - Nachmachen und Erklären durch den Auszubildenden

Anhand der gezeigten Arbeitsschritte sollte der Auszubildende nun einen Türgriffwechsel selber durchführen können.
Die Reihenfolge sollte dabei eingehalten und die Vorgehensweise vom Auszubildenden erläutert und begründet werden.
Bei eventuellen Unsicherheiten werde ich ihm zur Seite stehen und noch auftretende Fragen beantworten.
Bei erfolgreichem Vorgehen lobe ich den Auszubildenden, anderenfalls werde ich ihn konstruktiv kritisieren.
Diese Stufe ermöglicht dem Auszubildenden und mir einen Überblick darüber zu erhalten, ob das zuvor Gezeigte und Erklärte verstanden wurde und korrekt umgesetzt werden kann.
Zum Ende weise ich ihn auf die Übungsphase und das zu erreichende Ziel hin und er sollte die Unterweisung in seinen Ausbildungsnachweis eintragen.

4. Stufe - Übung und Festigung

Wenn der Auszubildende die Durchführung am Tischmodell sicher beherrscht, wird er seine neu erworbenen Kenntnisse und Fertigkeiten an verschiedenen Kundenfahrzeugen üben und festigen.
Nach drei selbstständig durchgeführten Türgriffwechseln des Auszubildenden erfolgt eine abschließende Besprechung und Bewertung.
Bei der Besprechung werde ich erfolgreich durchgeführte Türgriffwechsel loben und Hinweise auf eventuell noch auftretende Fehler geben und konstruktive Kritik üben.

7. Anhang Ausbildungsrahmenplan

Lfd. Nr.	Teil des Ausbildungsberufsbildes	Fertigkeiten und Kenntnisse, die unter Einbeziehung selbständigen Planens, Durchführens und Kontrollierens zu vermitteln sind	zeitliche Richtwerte in Wochen im Ausbildungsjahr		
			1	2	3/4
1	2	3	4		
11	Warten, Prüfen und Einstellen von Fahrzeugen und Syste- men sowie von Betriebsein- richtungen (§ 4 Nr. 11)	a) Arbeits- und Sicherheitsregeln sowie Herstellerrichtlinien beim Transport und beim Heben von Hand anwenden b) Fahrzeuge, Baugruppen und Systeme bewegen, abstellen, anheben, abstützen und sichern c) Wartungsarbeiten nach Vorgabe durchführen, insbesondere Betriebsflüssigkeiten kontrollieren, nachfüllen, wechseln und zur Entsorgung beitragen, Arbeitsschritte dokumentieren d) mechanische und elektrische Bauteile, Baugruppen und Systeme auf Verschleiß, Beschädigungen, Dichtheit, Lageabweichungen und Funktionsfähigkeit prüfen, Arbeiten dokumentieren e) hydraulische, pneumatische und elektrische Leitungen, Anschlüsse und mechanische Verbindungen prüfen und Prüfergebnisse dokumentieren f) Drücke an pneumatischen und hydraulischen Systemen messen und einstellen g) Werterhaltung beim Umgang mit Fahrzeugen und Betriebseinrichtungen berücksichtigen	9		
12	Montieren, Demontieren und Instandsetzen von Bauteilen, Baugruppen und Systemen (§ 4 Nr. 12)	a) Bauteile, Baugruppen und Systeme außer Betrieb nehmen, demontieren, zerlegen, auf Wiederverwertbarkeit prüfen, kennzeichnen und systematisch ablegen b) demontierte Bauteile und Baugruppen Systemen zuordnen und auf Vollständigkeit prüfen c) Bauteile und Baugruppen säubern, reinigen, konservieren und lagern d) Bauteile, Baugruppen und Systeme fügen, insbesondere Schraubverbindungen unter Beachtung der Teilefolge und des Drehmoments herstellen e) Bauteile, Baugruppen und Systeme montieren, in Betrieb nehmen sowie auf Funktion und Formgenauigkeit prüfen f) Oberflächen für den Korrosionsschutz vorbereiten, Korrosionsschutz ergänzen und erneuern g) Lage von Bauteilen und Baugruppen prüfen, Lageabweichungen messen h) Bezugslinien, Bohrungsmitten und Umrisse unter Berücksichtigung der Werkstoffeigenschaften anreißen und körnen, Bauteile und Halbzeuge trennen und umformen i) Maschinenwerte von handgeführten und ortsfesten Maschinen bestimmen und einstellen; Werkstücke und Bauteile bohren und senken k) Innen- und Außengewinde herstellen und instand setzen l) elektrische Verbindungen und Anschlüsse herstellen, überprüfen, instand setzen und dokumentieren	16		

BEI GRIN MACHT SICH IHR
WISSEN BEZAHLT

- Wir veröffentlichen Ihre Hausarbeit,
  Bachelor- und Masterarbeit

- Ihr eigenes eBook und Buch -
  weltweit in allen wichtigen Shops

- Verdienen Sie an jedem Verkauf

Jetzt bei www.GRIN.com hochladen
und kostenlos publizieren